Alerte :
Poule en panne !

Michel Amelin est né en 1955. Dévoué aux tout jeunes enfants, il a longtemps enseigné en maternelle avant de diriger un établissement. Il écrit de sympathiques histoires qu'il publie chez Grasset, Nathan et dans les revues de Bayard Jeunesse. Mais Michel Amelin aime aussi les énigmes et les intrigues policières. L'un de ses romans, *Les jardins du casino*, a obtenu le prix du festival de Cognac.

Du même auteur dans Bayard Poche :
Le piège de la rose noire - Maman, le pirate et moi (J'aime lire)

Frédéric Benaglia est un jeune illustrateur talentueux qui partage son temps entre la direction artistique du magazine *Pomme d'Api et* l'illustration de livres pour la jeunesse. Ses livres sont publiés aux éditions Albin Michel, Tourbillon et Bayard Jeunesse.

Du même auteur dans Bayard Poche :
Minouche et le lion - La série *Lili Barouf* - *Les apprentis sorciers* (Mes premiers J'aime lire)
Le concours (J'aime lire)

Septième édition

Dépôt légal : janvier 2006
ISBN : 978-2-7470-1873-9
Loi du 16 juillet 1949 sur les publications destinées à la jeunesse.

Alerte : Poule en panne !

Une histoire écrite par Michel Amelin
illustrée par Frédéric Benaglia

J'AIME LIRE
bayard poche

1

Un poulailler ultramoderne

Ce matin-là, le fermier Omelette admire son nouveau poulailler. « Comme c'est propre ! » pense-t-il.

Omelette veut devenir le plus grand producteur d'œufs de tout le pays. Pour l'instant, il n'a qu'un bâtiment avec un silo* à grain ; mais plus tard il en possédera des centaines. Et des millions de poules pondront pour lui des milliards d'œufs. Quel rêve magnifique !

* Silo : grand réservoir dans lequel on conserve les céréales.

Madame Omelette sort de la maison et rejoint son mari, qui s'écrie :

– Regarde ! Regarde le progrès ! Nous avons bien fait de démolir notre ancien poulailler plein de paille et de crottes...

– Oui, approuve sa femme. À la place, nous avons construit cette merveille ! Vite, allons voir si nos poules font bien leur travail !

Pour ne pas faire entrer les microbes avec eux, les Omelette ont enfilé une blouse, des gants et des bottes spéciales.

Ça aussi, c'est le progrès.

Comme il est beau, ce poulailler ! Comme ça brille ! Il leur faudrait presque des lunettes de soleil.

Les mille poules blanches sont coincées chacune dans une cage si petite qu'elles ne peuvent pas déplier les ailes. Madame Omelette leur a limé les griffes et le bout du bec pour qu'elles ne se blessent pas. Il a fallu aussi leur faire des tas de piqûres pour qu'elles n'attrapent pas de maladie.

Les poules sont toutes nées le même jour. Ce sont des poules pondeuses livrées avec la garantie : « Un œuf par jour pendant six mois. » Après, couic ! à six mois et un jour, toutes seront transformées en viande hachée. Les Omelettes les remplaceront par mille autres.

Les fermiers sourient devant les cages. Ils sont ravis de leur installation. Grâce au plancher incliné vers la mangeoire, les poules sont obligées de picorer.

En plus, juste sous leur croupion, il y a une trappe. Comme ça, dès que les œufs sont pondus, ils arrivent directement sur le tapis roulant, derrière les cages. L'imprimante-laser les date. Et ploc ! ploc ! ils tombent directement dans des boîtes de six !

– 1 000 œufs font 166 demi-douzaines, dit monsieur Omelette en frottant ses mains gantées. Il reste 4 œufs, en cas de casse ou pour nos petits déjeuners.

– Tout se passe à merveille ! s’écrie madame Omelette. Sauf que…

Les Omelette se regardent avec inquiétude. Ils se dirigent vers un ordinateur accroché au mur. Monsieur Omelette appuie sur une touche du clavier.

Sur l’écran s’affiche le nombre 999.

2
La poule numéro 585

Le fermier pousse un gros soupir :

– Notre génial poulailler ne fonctionne que depuis une semaine et, déjà, ça déraille. Nos mille poules ne pondent que 999 œufs ! Il en manque un ! Ça me fait enrager !

– Calme-toi, mon chéri, dit sa femme. Un œuf de plus ou un de moins, ce n'est pas grave.

Monsieur Omelette hurle :

– C’est très grave, au contraire ! Un œuf de moins, ça veut dire qu’une poule sur mille se retient chaque jour. Et nos poules sont garanties « un œuf par jour pendant six mois ». Cela nous cause une perte de 30 œufs par mois pendant 6 mois. Cela fait 180 œufs, soit 15 douzaines ! Si j’avais le numéro de ces fainéantes…

Omelette s'agite devant son ordinateur. En cherchant dans « Fonctions », il découvre soudain un tableau intéressant :

CLIQUEZ SUR VOTRE DEMANDE :
> NOMBRE D'ŒUFS ?
> NOMBRE DE POULES PONDEUSES ?
> NOMBRE DE POULES NON PONDEUSES ?
> QUANTITÉ DE GRAIN DISTRIBUÉE ?
> DURÉE DE L'ÉCLAIRAGE ?

Il clique sur « NOMBRE DE POULES NON PONDEUSES ? » et l'ordinateur affiche « 1 » pour tous les jours de la semaine.

– Grrr ! ragent les Omelette. Pas besoin d'un ordinateur pour le savoir ! On sait compter...

Mais voilà qu'une intéressante petite phrase clignote :

VOULEZ-VOUS CONNAITRE LE NUMERO DES POULES NON PONDEUSES ?

CLIQUEZ ICI.

Monsieur Omelette clique, et l'ordinateur répond :

> LUNDI : N° 585

> MARDI : N° 585

> MERCREDI : N° 585

> JEUDI : N° 585

> VENDREDI : N° 585

> SAMEDI : N° 585

> DIMANCHE : N° 585

– Haaa ! crie monsieur Omelette. Il n'y en a qu'une qui ne fait pas son travail. Où est la poule numéro 585, que je la pulvérise ?

Il se précipite dans l'allée. Sa femme le suit.

– 583, 584... Ah ! 585 ! La voilà.

Dans la cage, il y a une petite poule accrochée aux barreaux. Elle regarde les Omelette droit dans les yeux. Elle semble sourire avec son bec.

Monsieur Omelette gronde :

– Toi, ma cocotte, je vais te serrer le kiki, te plumer et te cuire pour le déjeuner ! Fais ta prière, tu es fichue.

3
L'erreur

Monsieur Omelette glisse ses doigts entre les barreaux de la cage. La poule les mitraille aussitôt avec son bec. Monsieur Omelette est rouge de colère :

– Satanée poule ! Elle se tasse dans le fond de sa cage. Je n'arrive pas à lui serrer le kiki...

– Tu as de trop gros doigts, dit sa femme.

Monsieur Omelette se tourne vers elle :

– Cours vite à l'ordinateur et déclenche l'ouverture de la porte 585. J'attraperai la poule, et tu commanderas ensuite la fermeture.

– D'accord, fait madame Omelette.

Elle fonce vers l'ordinateur. Elle clique sur « Ouverture des cages ». Une série de questions apparaît :

> OUVERTURE DES PORTES PAIRES ?

> OUVERTURE DES PORTES IMPAIRES ?

> OUVERTURE DES PORTES N°... A N°... ?

> OUVERTURE DES PORTES PAIRES ET IMPAIRES ?

Madame Omelette hurle :

– Il n'y a rien pour ouvrir une seule porte ! Qu'est-ce que je fais ?

Le fermier s'énerve :

– Vraiment, tu n'es pas douée ! Clique sur la troisième phrase et tape « Ouverture des portes n° 585 à n° 585 ». Comme ça, il n'y aura que celle-là qui s'ouvrira.

Madame Omelette grommelle :

– Ce que c'est compliqué, maintenant, d'élever des poules !

Elle dirige la flèche sur l'écran… Zut ! Elle a laissé ses lunettes à la maison.

Elle appuie de toutes ses forces sur la souris.

Alors qu'elle s'apprête à taper 585, madame Omelette s'aperçoit qu'elle a cliqué au mauvais endroit, juste au-dessous ! Horreur !

– Qu'est-ce que tu as fait ? hurle son mari. Referme ! Referme !

Madame Omelette se tourne vers les cages. Elle vient de déclencher l'ouverture des portes paires et impaires, c'est-à-dire de TOUTES les portes ! Les poules, ravies, sortent de leur cage en caquetant. Elles sautent dans l'allée pour se dégourdir les ailes.

Le fermier est furieux. Il foudroie du regard la petite poule tassée dans sa cage :

– C'est de ta faute ! Tu vas voir !

Il avance la main. La poule recule et se fait encore plus petite. Au moment où les mains vont l'attraper, elle réussit à passer dans la trappe qui sert à évacuer les œufs. Elle tombe sur le tapis roulant.

4

La mise en boîte

Madame Omelette est complètement paniquée. Elle clique sur « Fermeture de toutes les portes », juste quand son mari retire sa main. Il se fait coincer les doigts, il hurle, il trépigne. Les poules se ruent vers la sortie dans un bouillonnement de plumes blanches. Monsieur Omelette se précipite dans l'allée. Sa femme se met en travers de l'entrée pour empêcher les poules de sortir.

Mais les 999 poules sont les plus fortes. Comme une énorme vague, elles renversent madame Omelette et entraînent son mari vers l'entrée. Monsieur Omelette s'effondre sur sa femme, qui gémit :

– Je n'ai pas fait exprès ! J'avais oublié mes lunettes.

Les Omelette se débattent dans la marée de poules qui les piétinent.

Quand ils se relèvent, toutes les poules ont déjà quitté le poulailler ultramoderne. Elles se répandent dans la campagne, heureuses de découvrir l'herbe verte et les délicieux vers de terre cachés dessous.

Monsieur Omelette est prêt à exploser :

– Où est cette poule numéro 585, ce monstre, cette abomination de la nature ?

– *Cooot...*

– Je l'entends, souffle madame Omelette. Elle est du côté des boîtes à œufs !

Les fermiers trottinent jusqu'aux boîtes, qui continuent à défiler sur le tapis roulant. Bien sûr, il n'y a plus d'œufs qui tombent dedans, mais la machine ne le sait pas. Elle continue à fermer les boîtes et à coller une belle image dessus.

– *Cot?*

C'est un appel étouffé. Les Omelette tendent l'oreille en retenant leur respiration. Il y a des centaines de boîtes...

– Petit, petit, petit…, susurre madame Omelette. Tu veux du bon grain-grain ?

– *Cooot?*

– Ça vient d'ici !

Monsieur Omelette se jette sur les boîtes et en éventre dix d'un coup. Rien. Il repère soudain une plume blanche qui dépasse d'une boîte cabossée.

– Haaa ! Elle est là !

Et il se met à sauter,
à sauter sur la boîte jusqu'à ce
qu'elle devienne plate comme une galette.

– *Cot!*

Omelette s'arrête net sur sa boîte raplapla. Il lève la tête et voit la petite poule qui le regarde. Elle se tient juste au-dessus du tapis roulant. Cette maligne n'est pas tombée dans les boîtes !

Monsieur Omelette veut l'attraper, mais la poule l'évite et fonce vers la sortie. Madame Omelette crie :

– Mais, ma parole, elle vole ! Elle vole vraiment !

– Une poule qui vole ? On aura tout vu ! gronde son mari.

– Qu'est-ce qu'on fait ?

– On la rattrape, et on la transforme en steak tartare !

5
Une poule mutante?

Quand les fermiers sortent du poulailler, les 999 poules se sont échappées. Madame Omelette pleurniche :

– Regarde, mais regarde !

– Je ne vois rien, répond son mari.

– Justement, c'est ça qui est affreux ! Toutes nos poules sont parties ! Tu aurais dû conserver la clôture en grillage du vieux poulailler.

– Il ne servait plus à rien, avec nos cages modernes, dit monsieur Omelette. Je ne pouvais pas savoir qu'une andouille allait ouvrir toutes les portes !

Madame Omelette demande :

– C’est moi, l’andouille ?

– Bien sûr que c’est toi !

– Je n’avais pas mes lunettes, et je déteste l’informatique ! Avant, c’était simple : on ouvrait la porte en bois, et voilà.

Monsieur Omelette hausse les épaules :

– C’est le passé ! L’avenir appartient à l’informatique !

– Pour l’instant, tes poules informatiques ont pris des vacances. Et on n’est pas près de les revoir !

Monsieur Omelette s'énerve pour de bon :

– J'en commanderai mille autres, et je les aurai demain. On leur mettra des menottes. Comme ça, il n'y aura plus de problème.

– Ça va nous coûter encore des sous ! gémit madame Omelette.

– Ce qui coûte le plus cher, c'est le matériel ! Et le matériel est intact. Cette maudite 585 a réussi à libérer ses copines avec l'aide d'une fermière myope comme une taupe, mais elle n'a pas détruit le matériel !

Les Omelette se font la tête pendant quelques instants.

– *Cot?*

Madame Omelette saisit son mari par le bras :

– C'est la poule ! Elle est là-haut. Tu vois, sur le toit de ton merveilleux poulailler !

– Comment a-t-elle pu voler si haut ?

Madame Omelette répond :

– Ce doit être une poule mutante qui s'est glissée parmi les autres.

– Une poule mutante ? Je vais aller chercher mon fusil, et on verra bien !

Monsieur Omelette court vers sa maison. Pendant ce temps, sa femme fait de grands signes à la poule :

– Viens ici, cocotte ! Viens voir maman. Petit, petit, petit...

Elle fait semblant de lancer du grain. Mais la poule voit bien qu'il n'y a pas de grain. Elle continue à sautiller sur le toit comme si elle se moquait de madame Omelette.

Alors la fermière va remplir son seau de grain. Puis elle le déverse à ses pieds en appelant :

– Petit, petit, petit…

La poule penche la tête :

– *Cot?*

Cette fois-ci, elle voit le grain. Un tas de grain ! La poule s'avance sur le bord de la gouttière et se penche au-dessus du vide, les yeux braqués sur l'appétissante nourriture.

Monsieur Omelette est de retour avec son fusil de chasse. Sa femme lui ordonne :

– Cache-le derrière ton dos. Cette poulette est gourmande, elle va sûrement descendre. Tu lui flanqueras un coup de crosse quand elle sera en train de picorer.

Mais la poule se redresse, elle fait demi-tour et se dirige vers l'énorme silo construit au-dessus du toit. C'est dans le silo que les Omelette gardent les tonnes de grain qui servent à nourrir les poules.

La poule picore quelques grains tombés du silo.

– Zut et crotte ! crie monsieur Omelette. Elle a trouvé à manger là-haut.

Il vise la poule avec son fusil en disant :

– J'ai pris des balles pour sanglier. Je vais transformer cette satanée poule en hachis parmentier.

6
«Tout sélectionner»

La première balle fait dégringoler la gouttière du poulailler.

– Qu'est-ce que tu as fait ? gémit madame Omelette. Tu as détruit le précieux matériel ?

– Pas grave, répond son mari. Je raccrocherai la gouttière avec un bout de ficelle.

Il arme son fusil, ferme un œil, vise une nouvelle fois.

BAOUM ! Et voilà un gros trou dans la paroi du silo : le grain se met à couler en cascade.

La poule, toute contente, se met dessous en ouvrant le bec.

– Arrête ! Arrête ! crie madame Omelette. Tu continues à saccager le matériel !

Son mari la repousse.

BAOUM ! BAOUM ! BAOUM ! Ce n'est plus un fusil, c'est une mitraillette ! Le silo est percé de partout, il lâche son contenu dans toutes les directions. La poule bat des ailes et s'ébroue. Ce n'est pas tous les jours qu'elle peut prendre une douche de nourriture !

Madame Omelette hurle :

– Le silo est fichu ! Et il a coûté des millions !

– On mettra du Scotch sur les trous, répond son mari.

Monsieur Omelette court chercher une longue échelle. Il la pose contre le poulailler et il grimpe avec son fusil.

Sa femme n'est pas rassurée :

– Ne va pas là-haut ! Il va t'arriver malheur.

– C'est à cette horrible poule qu'il va arriver malheur, oui !

Monsieur Omelette s'agrippe au bord du toit et se hisse avec difficulté.

Le toit du poulailler est formé de grandes plaques en plastique. Monsieur Omelette marche dessus avec précaution.

– *Coot?*

La poule se cache derrière les cascades de grains. Monsieur Omelette brandit son fusil :

– Viens par ici, saleté de cocotte ! Saboteuse ! Terroriste ! Criminelle !

Les plaques craquent sous ses pas : il y a maintenant une montagne de grains sur le toit. Le fermier vise la poule. Au moment de tirer, il dérape.

BAOUM ! BAOUM ! BAOUM ! Cette fois, le silo ne résiste pas, il tombe et se fracasse sur le toit du poulailler. Les plaques s'effondrent. Monsieur Omelette glisse dessus comme sur un toboggan. Il est entraîné dans le trou.

Dans un nuage de poussière, il s'écroule sur l'ordinateur, qui se met à péter et à fumer.

À moitié assommé, Monsieur Omelette appuie sur le bouton rouge « Alarme électronique ». Un texte clignote sur l'écran :

> INCENDIE ?

> TREMBLEMENT DE TERRE ?

> RAZ-DE-MAREE ?

> CYCLONE ?

> INONDATION ?

> ERUPTION VOLCANIQUE ?

> FUITE DE GAZ ?

> REVOLUTION DE POULES ?

À cet instant, le toit entier s'effondre. Le fusil tombe sur le crâne du fermier et rebondit sur le clavier en appuyant sur la touche « Tout sélectionner ».

Toutes les alarmes électroniques sont lancées en même temps. Des jets d'eau jaillissent de partout. De la mousse gicle des extincteurs. Des trappes s'ouvrent dans le sol.

– J'annule, j'annule ! bégaie Omelette en appuyant n'importe où sur le clavier.

L'ordinateur explose. Les cages se tordent. C'est la fin du poulailler ultramoderne !

Monsieur Omelette se traîne dehors. Il s'écrase le nez sur les bottes de sa femme :

– Elle nous a eus ! C'est fichu...

Sa femme s'accroupit :

– Je te l'avais bien dit, cette poule n'est pas comme les autres.

– Cot?

Les fermiers tournent la tête. Leur ennemie trottine devant les ruines de leur rêve. Elle fait un signe avec son aile. Et, pfuitt ! elle file vers les champs, vers les bois, vers les 999 points blancs qu'elle aperçoit au loin.

Achevé d'imprimer en janvier 2011 par Pollina - L56415d
Imprimé en France